ANALIZA KSIĄŻKI

AF132008

Charlotte

· · · · · · · · · · · · · · ·

DAVID FOENKINOS

ANALIZA KSIĄŻKI

Napisany przez Laurence Lissoir
Przetłumaczony przez Kâmil Kowalski

Charlotte

· ·

DAVID FOENKINOS

DAVID FOENKINOS

FRANCUSKI POWIEŚCIOPISARZ

- **Urodzony w 1974 roku w Paryżu**

- **Niektóre z jego prac:**

  - *Potencjał erotyczny mojej żony* (2004), powieść

  - *Delikatność* (2009), powieść

  - *Wspomnienia* (2011), powieść

Wielki miłośnik sztuki, dopiero w wieku 16 lat, kiedy prze-
szedł operację opłucnej i przez kilka miesięcy leżał w łóżku,
zajął się czytaniem, malowaniem i grą na gitarze. Po nieuda-
nych próbach założenia zespołu muzycznego, po ukończeniu
Sorbony z dyplomem z literatury, zwrócił się w stronę pisar-
stwa. W swoich powieściach David Foenkinos zazwyczaj z
humorem porusza temat miłości.

W wieku 40 lat ten młody autor zdobył już kilka nagród. W
2004 roku otrzymał nagrodę Rogera Nimiera za *Potencjał erotyczny mojej żony*, a w 2010 roku Conversation Prize za
Delikatność. W 2014 roku zdobył Prix Renaudot i Prix Goncourt
des lycéens swoją pracą *Charlotte*.

CHARLOTTE

MIĘDZY MIŁOŚCIĄ FANTASTYCZNĄ A DETERMINIZMEM RODZINNYM

- **Gatunek:** biografia fabularyzowana
- **Wydanie referencyjne:** *Charlotte*, Paris, Gallimard, 2014, 221 s.
- **Pierwsze wydanie:** 2014 r.
- **Główne tematy:** Charlotte Salomon, nazizm, nietolerancja, wykluczenie, miłość, ojczyzna, rodzina, sztuka, wojna

Charlotte to fabularyzowana biografia życia Charlotte Salomon, młodej niemieckiej żydowskiej artystki, która została zagazowana podczas II wojny światowej. Książka śledzi jej artystyczną podróż, poprzez jej prace, a także jej rodzinną podróż poprzez badania przeprowadzone przez Davida Foenkinosa. Powieść jest napisana wolnym wierszem, a każde zdanie jest rozbite, co daje tekstowi wrażenie długiego wiersza o określonym rytmie.

Kiedy została wydana, *Charlotte* była prawdziwym bestsellerem, sprzedając się w ponad 400 000 egzemplarzy. Książka zdobyła nagrodę Goncourt des lycéens oraz nagrodę Renaudot. Chwalona przez prasę za charakterystyczny styl literacki i sposób, w jaki niesie czytelnika wraz z sentencjami i życiem Charlotte Salomon, jest jednocześnie krytykowana za naiwność fałszywie uproszczonej prozy i słowa, które nigdy tak naprawdę nie wyjaśniają powodu jego obsesji na punkcie niemieckiej artystki.

PODSUMOWANIE

"CAŁE ŻYCIE" ARTYSTKI.

Charlotte Salomon była niemiecką artystką żydowskiego pochodzenia, która urodziła się w Berlinie w 1917 roku, a zmarła w Auschwitz w 1943 roku. Będąc pod głębokim wpływem okrucieństwa swoich czasów, znana jest z autobiograficznej pracy *Leben? oder Theater?* (*Życie? czy Teatr?,* 1940-1942). Używając trzech podstawowych kolorów (czerwonego, niebieskiego i żółtego), namalowała około 800 obrazów przedstawiających jej matkę, ojca i namiętną miłość do Alfreda Wolfsohna, a także tragiczny epizod Nocy Kryształowej i jej wygnanie we Francji. Specyfika jej pracy obrazowej polega na tym, że towarzyszą jej teksty opisowe, cytaty literackie i odniesienia muzyczne.

Charlotte powierza swoją pracę Ottilie Moore, bogatej Amerykance, która przygarnęła ją i jej dziadków, gdy ci uciekli na południe Francji. W 1947 roku Ottilie przekazała z kolei cenny spadek rodzicom artystki, którzy przeżyli wojnę. Przez prawie 15 lat opiekowali się "całym życiem" swojej córki, która została zamordowana w komorze gazowej w Auschwitz. Dopiero w 1961 roku obrazy Charlotte zostały po raz pierwszy wystawione w Amsterdamie. Był to natychmiastowy i międzynarodowy sukces: dzieło zafascynowało swoją oryginalnością. *Życie? Czy Teatr?* zostało wydane w formie książkowej i przetłumaczone na kilka języków. Sława artystki nie trwała jednak długo, a dzieło stopniowo popadało w zapomnienie.

Oryginalna kolekcja znajduje się obecnie w Muzeum Żydowskim w Amsterdamie i jest tam rzadko wystawiana.

Zafascynowany twórczością Charlotte Salomon, David Foenkinos opowiada życie artystki w zbeletryzowanej formie w swojej książce zatytułowanej *Charlotte*.

RODZINA ZWIĄZANA Z SAMOBÓJSTWEM

Historia rodziny artystki zdaje się działać deterministycznie: wszystkie kobiety są popychane do samobójstwa. Pierwszą z nich była ciotka Charlotte, młoda kobieta, która wydawała się mieć wszystko, by być szczęśliwą, a która pewnej nocy postanowiła popełnić samobójstwo, dobrowolnie się topiąc, pozostawiając po sobie nieznośny ból w sercach swojej siostry Franziski i rodziców.

Aby przezwyciężyć swoje cierpienie i przestać myśleć o zmarłej siostrze, Franziska, przyszła matka malarki, podjęła się większej sprawy i wyruszyła na pola bitewne podczas I wojny światowej jako pielęgniarka. To właśnie podczas operacji żołnierza poznała swojego przyszłego żydowskiego męża, Alberta. Okres powojenny i pojawienie się córki odciągnęły Franziskę od myśli samobójczych na kilka lat. Nie mogła jednak oprzeć się pokusie pustki i w końcu rzuciła się przez okno, by dołączyć do siostry. Nieświadoma prawdziwych okoliczności śmierci matki Charlotte spędzała dużo czasu na cmentarzu, czekając na przybycie matki pod postacią anioła i stawała się coraz bardziej wycofana. Następnie zaczęła kompulsywnie czytać wielkich niemieckich autorów, takich jak Goethe, Hesse, Nietzsche i Döblin.

ODKRYCIE PASJI

Kiedy przyjechała Paula, znana piosenkarka i nowa towarzyszka ojca, Charlotte odkryła obsesję: Alfred, nauczyciel śpiewu jej macochy, prześladował każdą jej myśl. Od tego spotkania Charlotte rozwijała upodobanie do sztuki i zaczęła malować, by zilustrować muzykalność i poezję.

W miarę jak narastały nieliczne spotkania z Alfredem, raz po raz przypominała sobie ich rozmowy i intymne chwile. Szaleńczo zakochana w profesorze, te wydarzenia miała później obsesyjnie malować w swej pracy *Życie? Albo Teatr?* Zaczęła malować synestetycznie, mieszając muzykę, malarstwo i poezję.

Jej talent został zauważony i dzięki koneksjom udało jej się dostać na Akademię Sztuk Pięknych, mimo wielu ograniczeń nałożonych na Żydów. Nie bez protestów Charlotte została przyjęta, ale poproszono ją o zachowanie dyskrecji. W akademii Charlotte nie była przesadnie rozpieszczana, ale jej praca była doceniana, a nauczyciele byli zgodni co do jej "geniuszu". Tam też poznała Barbarę, młodą blond Niemkę niemającą talentu poza uwodzeniem, która przypadkiem była przeciwieństwem Charlotte. Regularnie wracały razem z akademii; Barbara mówiła, a Charlotte słuchała, mając skrytą nadzieję, że będzie trochę bardziej podobna do niej.

Podczas wręczania nagród na koniec roku, pierwsza nagroda była ustalana anonimowo, aby nie faworyzować żadnego ucznia. Obraz Charlotte został wybrany jednogłośnie. Jednak wobec wykluczenia Żydów i obojętnego przyjęcia sztuki nowoczesnej w tamtym czasie, cały wydział odmówił przyznania nagrody Żydówce w obawie przed konsekwencjami. Charlotte została powiadomiona o sytuacji i zaproponowała, aby zamiast niej nagrodę otrzymała Barbara. Przez trzy dni Barbara się śmiała, a Charlotte płakała.

Narastanie faszyzmu widoczne było także w licznych nadużyciach, których świadkiem, a czasem ofiarą, bywała Charlotte: została wykluczona ze wszystkich zaszczytów, jej ojciec nie mógł już wykonywać swojego zawodu, a teściowa była wygwizdywana na swoich koncertach. Po epizodzie Nocy Kryształowej (1938) jej ojciec został wysłany do obozu. Po wyzwoleniu obozu rodzice Charlotte zmusili ją do opuszczenia kraju i dołączenia do dziadków. Schroniwszy się na południu Francji, zamieszkali u bogatej Amerykanki Ottilie Moore.

WYGNANIE NA POŁUDNIU FRANCJI

Na peronie na stacji Charlotte zostawiła za sobą dzieciństwo i słodką miłość Alfreda, udając, że jedzie tylko na kilka dni odwiedzić chorą babcię. Alfred rzekł do niej na pożegnanie: "Obyś nigdy nie zapomniała, że w ciebie wierzę" (s. 129).

Charlotte była przytłoczona pięknem francuskich krajobrazów i stwierdziła, że jej przyjazd do Villefranche-sur-Mer był ulgą. W posiadłości Ottilie Moore, znanej jako «L'Ermitage», Charlotte obserwowała cuda życia poprzez zabawy i śmiech dzieci. Jednak młoda kobieta nie chciała brać czynnego udziału w tym nowym życiu, bo czuła się winna, że uciekła z rodzinnego miasta i zostawiła rodzinę na pastwę losu. Milcząca i wycofana Charlotte zaczynała przyciągać dzieci wokół siebie. Ottilie zauważyła jej talent i zachęcała ją do malowania, kupując jej szkice i dostarczając materiały potrzebne do uprawiania sztuki.

Z czasem relacje między dziadkami a gospodynią pogorszyły się, aż pewnego dnia postanowili oni przeprowadzić się z Charlotte do domu w Nicei. Po samobójstwie babci, której pilnował niemal dzień i noc, dziadek wybuchł wściekłością i ujawnił prawdziwą przyczynę śmierci jej matki. Charlotte zrozumiała, że wszystkie kobiety w jej rodzinie pociąga pustka i wysnuła wniosek: 13 lat dzieliło śmierć jej matki oraz ciotki i babki. Charlotte ustaliła zatem, że prawdopodobnie w 1953 roku popełni samobójstwo. W czerwcu 1940 roku trafiła wraz z dziadkiem do obozu pracy, z którego na szczęście zostali zwolnieni kilka miesięcy później ze względu na stan zdrowia staruszka. Zdezorientowana i zagubiona, dzięki doktorowi Moribisowi uświadomiła sobie, że musi malować, by żyć i nie pogrążyć się w szaleństwie. Następnie postanowiła zamknąć się w pokoju hotelowym na prawie dwa lata, aby poświęcić się swojej sztuce. To ratujące życie działanie zaowocowało obrazową autobiografią złożoną z 800 gwaszy i malowanych tekstów z muzycznymi adnotacjami przypominającymi jej melodie grane przez matkę na fortepianie oraz liryczne utwory Pauli i Alfreda.

KONIEC

Po zakończeniu pracy Charlotte powierzyła swoje dzieło lekarzowi Moribisowi i postanowiła wrócić do Ermitażu, gdzie przebywał Aleksander Nagler, były kochanek Ottilie. Między tymi dwoma samotnikami zrodził się romans. Przestała odwiedzać swojego wstrętnego dziadka, gdy ten umarł, pozostawiając ją bez rodziny. Dwoje kochanków zdecydowało się na ślub, a Charlotte zaszła w ciążę. Po kapitulacji Włoch i przybyciu SS Aloisa Brunnera (1912-2010), ludzie byli zmuszani do denuncjacji, a w całej Francji organizowane były łapanki Żydów. Mimo ich dyskrecji, telefoniczny donos z 21 września 1943 r. zabrzmiał jak fatum dla młodej malarki, która wkrótce miała zostać matką. 27 września przybyła wraz z mężem, również Żydem, do obozu przejściowego w Drancy po długiej podróży stłoczona w wagonie. Charlotte wciąż miała nadzieję, myśląc o swoim ojcu, który został wyzwolony z obozu w Terezinie, o niej i jej dziadku, którzy wyszli z obozu w Gurs żywi, i o esesmanie, który wyciągnął ją z autobusu w drodze do obozu śmierci.

Kiedy dotarła do miejsca przeznaczenia, Auschwitz, została wysłana bezpośrednio z wieloma innymi kobietami pod prysznic, czyli do komory gazowej. Napis przy wejściu do obozu *"Arbeit macht frei"* (Praca czyni wolnym) to ostatnie zdanie, które przeczytała.

STUDIUM POSTACI

CHARLOTTE SALOMON

Charlotte Salomon była niemiecko-żydowską artystką urodzoną 16 kwietnia 1917 roku, a zmarłą w październiku 1943 roku. Urocza młoda kobieta o niebieskich oczach i blond włosach, wielokrotnie była mylona z Aryjką. Pasjonując się sztuką, wypracowała swój własny styl i przez wielu uważana była za "geniusza".

Od śmierci matki była cicha, powściągliwa i samotna. Przywiązana do ojca i macochy silnym uczuciem rodzinnym, podjęła w końcu decyzję o wstąpieniu do wolnej strefy, aby oszczędzić ojcu dalszych zmartwień. Od momentu poznania Alfreda, nauczyciela śpiewu swojej macochy, Charlotte miała obsesję na jego punkcie i szaleńczo się w nim zakochała. Ich rozstanie było trudne dla młodej kobiety, którą przez wiele lat prześladował jego wizerunek. Ostatecznie uwieczniła Alfreda i swoją miłość do niego w swoim dziele *Życie? Albo Teatr?*

Przedstawiona w powieści jako dyskretna i spostrzegawcza kobieta, Charlotte zachowywała spokój i opanowanie w najbardziej przerażających sytuacjach, zwłaszcza gdy została deportowana do obozu w Drancy. We Francji poświęciła cały swój czas na rozwój twórczości i wydawała się nieosiągalna aż do momentu ciąży.

Jest łącznikiem między wszystkimi bohaterami i pozostawia w ich pamięci niezatarty ślad.

FRANZISKA GRUNWALD

Jest matką Charlotte Salomon. Od czasu śmierci młodszej siostry Charlotte jest wycofana i ponura, ale spotkanie z lekarzem Albertem Salomonem i narodziny ich córki na chwilę wyrwały ją z chorobliwego smutku. W miarę upływu czasu i częstej nieobecności męża, ponownie popadła w zamęt i depresja powoli przejmowała nad nią kontrolę. Maniakalno-depresyjna, błyskawicznie przechodziła ze stanu letargu do stanu podniecenia: potrafiła porwać córkę na prawo i lewo, a potem zamknąć się w sobie na całe dnie. Ostatecznie popełniła samobójstwo, rzucając się z okna domu rodziców.

ALBERT SALOMON

Sierota, Albert był genialnym człowiekiem, który całkowicie poświęcał się swojej pracy. Podczas I wojny światowej został wysłany na pole bitwy jako chirurg i poznał swoją żonę Franziskę. Z powodzeniem kontynuował karierę lekarza i do 1933 r. zajmował stanowisko wykładowcy na uniwersytecie w Berlinie. Rok ten zapoczątkował jego upadek zawodowy, gdyż Żydzi nie mogli już swobodnie wykonywać swojego zawodu.

Po pogromie w czasie Nocy Kryształowej został osadzony w obozie Sachsenhausen. Po czterech miesiącach, wyczerpany pracą fizyczną, dzięki wpływom żony został zwolniony. Teraz zgarbiony i paranoiczny, miał tylko jedną obsesję: aby jego córka poszła żyć bezpiecznie w wolnej strefie.

On z kolei uciekł z Niemiec wraz z żoną Paulą do Holandii, gdzie w 1943 roku zostali ostatecznie aresztowani. Udało im się jednak uciec z obozu w Westerbork i ukrywali się do końca wojny.

PAULA LINDBERG

Znana piosenkarka, opisywana jest jako niepozorna, ale z zapierającym dech w piersiach talentem. Jest troskliwą teściową dla Charlotte. Wraz z dojściem do władzy nazizmu doznała zejścia społecznego ze względu na swój żydowski status, który trudno jej zaakceptować.

ALFRED WOLFSOHN

Urodzony w 1896 roku, a zmarły w 1962 roku nauczyciel śpiewu, był wynalazcą techniki ustawiania głosu. Pewny siebie, konsekwentny i nieustraszony, od powrotu z frontu w czasie Wielkiej Wojny miał obsesję na punkcie mitu o Orfeuszu, w którym bohater wkroczył do podziemi, by odnaleźć ukochaną: "Nieustannie myśli o przejściu przez ciemność. W okresie nazizmu nie wolno mu już praktykować z nieżydowskimi klientami, przyjmuje więc na uczennicę Paulę Lindberg, teściową Charlotte, w której się zakochuje.

Zainteresowany artystycznymi walorami Charlotte, kończy romans, bez szczególnego przywiązania, w jej ramionach. Choć obsesyjnie śledził ją przez całe życie, miał tylko jedną prawdziwą pasję – muzykę. Dopiero po wojnie, gdy otrzymał książkę Charlotte *Życie? czy Teatr?* wydaną po wystawie prac młodej artystki, uświadomił sobie, jaki miał na nią wpływ.

DZIADKOWIE

Ludzie ci, zdruzgotani śmiercią swoich dwóch córek, kochali głęboko swoją wnuczkę i przekazali jej swoją miłość do sztuki. To właśnie dzięki ich licznym wycieczkom do muzeów Charlotte odkryła malarstwo. Zmuszeni do zamieszkania za granicą na początku pierwszych restrykcji wobec Żydów w Niemczech, nalegali wówczas, aby ich wnuczka wyjechała z nimi do Francji, co uczyniła dopiero kilka lat później.

Babcia wydawała się równie przygnębiona jak jej córki: zdawała się walczyć o to, by nie pozwolić sobie na śmierć. Pewnego dnia demencja wzięła górę i była ona przekonana, że naziści zabiją wszystkich Żydów. Popełniła samobójstwo, wyskakując z okna.

Jej mąż jest opisywany jako osoba milcząca, żyjąca w odosobnieniu. Po śmierci żony, naznaczonej tragicznymi wydarzeniami swojego życia, poddał Charlotte prawdziwej męce, zarówno psychicznej, jak i fizycznej: "Każe jej się rozebrać i przyjść naprzeciwko siebie." (s. 169) Umarł ze starości, co było ulgą dla jego wnuczki.

OTTILIE MOORE

Zamożna Amerykanka, której przyszło żyć na południu Francji, przygarnęła wiele sierot i oferowała im przyjemne warunki życia. Hojna, przygarnęła na jakiś czas Charlotte i jej dziadków. Bardzo wspierała młodą artystkę, udzielając jej rad i dostarczając materiały malarskie. Gdy tylko Wolna Strefa została zajęta przez Niemców, wróciła do Stanów Zjednoczonych.

Po powrocie po wojnie do Villefranche-sur-Mer, za pośrednictwem lekarza Moridisa odziedziczyła dzieło Charlotte, które ostatecznie przekazała rodzicom.

DR MORIDIS

Jako stały lekarz Ermitażu, to właśnie podczas swoich licznych wizyt poznał Charlotte i odkrył jej geniusz, jej artystyczne szaleństwo. Odegrał ważną rolę w przekazie dzieła Charlotte Salomon. Był też świadkiem ślubu Charlotte i Alexandra.

ALEKSANDER NAGLER

Były kochanek Ottilie Moore, ten 40-letni austriacko-żydowski mężczyzna ukrywał się z najwyższą dyskrecją w opuszczonej posiadłości swojej byłej kochanki. Cichy, opiekuńczy i z natury niezręczny, był wysoki, miał bliznę na czole i kulał po wypadku z dzieciństwa. Dotknięta wrażliwością mężczyzny, Charlotte w końcu zapragnęła go chronić.

W strachu Alexander i Charlotte stali się sobie coraz bliżsi i w końcu zdecydowali się na ślub. Był przeszczęśliwy, gdy dowiedział się o ciąży Charlotte. Kiedy artysta został zadenuncjowany, postanowił wyjechać razem z nią, nie chcąc zostawić jej samej. Rozdzielony z żoną w Auschwitz, umarł z wycieńczenia w styczniu 1944 roku.

BARBARA

Jedyna przyjaciółka Charlotte w Akademii Sztuk Pięknych, Barbara była całkowitym przeciwieństwem młodej Żydówki, której uważnym uchem się cieszyła. Jest głośna, ekscentryczna i zawsze otoczona przez młodych chłopców. Czysta Niemka z urodzenia, jest właśnie typem Aryjki. To właśnie ona skorzystała z nagrody Charlotte podczas obrad jury finałowego.

KLUCZE DO CZYTANIA

Powieść *Charlotte*, choć oparta na historycznie potwierdzonych faktach, przez pryzmat fantazji traktuje o młodości, dorastaniu i artystycznych początkach tej malarki. Książka miesza dwa gatunki literackie: zbeletryzowaną biografię i powieść wierszowaną, co przyniosło jej wiele krytycznych uwag.

MIĘDZY ZBELETRYZOWANĄ BIOGRAFIĄ A POWIEŚCIĄ WIERSZEM WOLNYM

Gatunek biografii fabularyzowanej

Gatunek literacki modny w 2014 roku, biografia fabularyzowana, zwana również biographical fiction, posiada następujące cechy:

- Historia dotyczy istniejącego, znanego i nieżyjącego głównego bohatera: w tym przypadku powieść koncentruje się na życiu Charlotte Salomon, żydowskiej malarki, która należała do ruchu ekspresjonistycznego.

- Narracja oparta jest na sprawdzonych elementach, takich jak korespondencja, śledztwa, dokumenty źródłowe i wydarzenia historyczne: David Foenkinos został zainspirowany autobiograficzną pracą artystki, *Życie? czy Teatr?* w której sama Charlotte opowiada historie swojej rodziny, dzieciństwa i młodości naznaczonej pasją, nazizmem i wygnaniem. David Foenkinos odbył również swoistą pielgrzymkę do wszystkich miejsc, w których mieszkała Charlotte i zebrał świadectwa od dzieci współczesnych artystce.

- Wyobraźnia autora wypełnia luki pozostawione przez historię lub badania naukowe, aby zromanizować życie bohatera: tak jest w całej powieści, a szczególnie na końcu, kiedy opisuje ostatni rok życia Charlotte i jej deportację, na temat której pozostało niewiele informacji.

- Bardzo często pisarz stawia siebie na scenie: kilkakrotnie zabiera głos, tłumacząc swoją obsesję na punkcie Charlotte i jej twórczości: "Wiedziałem o tym od chwili, gdy odkryłem *Życie? czy Teatr?* Wszystko, co kochałem. Wszystko, co mnie od lat nurtowało". (p. 70)

Sztuka wolnego wiersza

Pisanie wolnym wierszem nie ma określonej struktury: zdania nie są mierzone, nie są zorganizowane w strofy i niekoniecznie się rymują. Dziedziczy jednak pewne cechy klasycznego wiersza, takie jak stosowanie krótkich zdań w jednym wierszu, powrót do wiersza po każdym zdaniu, układ z wieloma pustymi miejscami, określony rytm, obecność figur mowy itp.

Autor w swojej powieści mówi nam, dlaczego użył wolnego wiersza: przyznaje, że nie mógł napisać długich zdań o Charlotte Salomon, ponieważ miał na jej punkcie taką obsesję i nie wiedział, jak napisać swoją historię. Uciskany i duszony przez tę postać, wybrał więc ten typ pisania:

> "To było fizyczne odczucie, opresja.
>
> Czułem potrzebę przejścia do linii, aby odetchnąć.
>
> Wtedy zrozumiałem, że to musi być tak napisane. (p. 70)

Aby ogólna forma książki odpowiadała jej składni, autor zorganizował tekst na wzór wiersza: numerowane części ustępujące miejsca wizualnemu wierszowi wolnemu; przerwy między wierszami i odstępy.

RELACJE MIĘDZY OBRAZAMI I SŁOWAMI

Autobiograficzna praca Charlotte Salomon *Życie? czy Teatr?* jest dziełem najbardziej złożonym. Pozostawia swój ślad w czytelniku poprzez fascynację, jaką wywołuje w każdym, czy to talentem artystycznym, czy wstrząsającym losem, który opisuje. Jak pamiętnik, *Życie? czy Teatr?* łączy kilka dyscyplin: malarstwo, pisanie i muzykę.

W 1940 roku Charlotte Salomon, młoda żydowska artystka, była uchodźcą w Nicei na południu Francji. Trzy ważne wydarzenia naznaczyły właśnie jej życie i była ona na skraju rozpaczy: babcia popełniła samobójstwo, poznała prawdziwą przyczynę śmierci matki (samobójstwo) i właśnie uciekła z dziadkiem z obozu pracy. Jej lekarz sugerował, że dla własnego dobra powinna odpuścić sobie emocje i wewnętrzne szaleństwo. Uświadomiła sobie wtedy potrzebę przelania swojego życia na papier. Przekonana, że jest predestynowana do popełnienia samobójstwa, jak wszystkie kobiety w jej rodzinie przed nią, Charlotte zdawała się chcieć zostawić ślad, zanim zniknie. Eksplorując swoje wspomnienia, chciała przedstawić życie swojej rodziny, swoje własne, okrucieństwa popełniane na Żydach, swoje obsesje na punkcie sztuki i Alfreda.

Po dwóch latach izolacji namalowała około 760 gwaszy o wymiarach 30 x 39 cm, używając trzech podstawowych kolorów

– niebieskiego, żółtego i czerwonego. Zgrupowane w formie książki obrazy są regularnie oddzielone od siebie przezroczystymi kartkami, tak jakby Charlotte próbowała odtworzyć wydania pięknych książek, takich jak te, które zdobiły bibliotekę jej ojca. Obrazy te, o ekspresjonistycznym stylu, wydają się być podobne do komiksów, w których tekst miesza się z obrazem, oraz do technik kinematograficznych (kąty widzenia, perspektywa itp.). Tak więc gwasze narracyjne czytane są w określonym kierunku, który zmienia się regularnie (poziomo, pionowo, ukośnie itd.), z różnymi punktami widzenia (niski kąt, zbliżenie itd.) i przeplatane są licznymi tekstami. Są wśród nich opisy objaśniające i dialogi – do odczytania na głos według wskazówek artysty – cytaty z filozofów i dzieł literackich oraz teksty niemieckich pieśni ludowych. Muzyka wędruje pomiędzy rysunkami i tekstami, jak melodia, która nagle wpada do głowy. Odniesienia do symfonii, oper i innych form wyrazu muzycznego nie zostały podane przez autorkę, ale można znaleźć utwory Bacha (kompozytor barokowy, 1685-1750), Schuberta (kompozytor romantyczny, 1797-1828) i Glucka (kompozytor klasyczny, 1714-1787). Charlotte, która nigdy nie pisała w pierwszej osobie, pojawiała się w komentarzach bohaterów lub w głosie narracyjnym, który nadaje rytm tej książce-malowance.

W *Życiu? czy Teatr?* Charlotte udaje się odtworzyć "życie" poprzez tematy i techniki artystyczne, które wybiera. Ponieważ jej prace odwołują się do zmysłów wzroku (malarstwo), słuchu (muzyka i dialog) i dotyku (przewracanie stron książki), upublicznienie i udostępnienie ich w całości nastręczało wielu trudności. Nie można bowiem pozwolić, by każdy widz-czytelnik przewracał kruche strony kolekcji, gdyż groziłoby to ich uszkodzeniem; podobnie wymieszanie wszystkich odniesień dźwiękowych (muzyki i dialogów) w sali wystawowej również stworzyłoby rodzaj kakofonii. Te komplikacje świadczą o oryginalności tego niezwykłego dzieła.

 ## WARTO WIEDZIEĆ: EKSPRESJONIZM

Termin ekspresjonizm pojawił się po raz pierwszy w 1911 roku i kojarzony jest głównie z okresem międzywojennym. Dzieła tego ruchu artystycznego oddają niezdrową atmosferę buntu. Ekspresjonizm charakteryzuje się stosowaniem jaskrawych i gwałtownych barw, które przedstawiają rzeczywistość w sposób zniekształcony lub przesadzony i nie pozostawiają nikogo obojętnym. W okresie nazistowskim (1933-1945) ruch ten został uznany za formę "sztuki zdegenerowanej": jego uprawianie było zakazane, a kilka prac nawet zniszczono.

Ekspresjonizm nie ogranicza się do malarstwa: znajduje swoje odbicie również w innych dyscyplinach artystycznych, takich jak literatura, teatr, film i muzyka. *Krzyk* Edvarda Muncha (1863-1944), *Wojna* Otto Dixa (1891-1969) czy *Scena uliczna w Berlinie* Ernsta Ludwiga Kirchnera (1880-1938) to ekspresjonistyczne dzieła malarskie.

OBSESJA PISARZA

Przy kilku okazjach David Foenkinos mówi między wierszami, aby wyrazić, jakby między każdym oddechem, swoją obsesję na punkcie artystki Charlotte Salomon. Zanim stała się jego obsesją, autor był zafascynowany Aby Warburgiem (1866-1929), historykiem sztuki, który miał bogatą bibliotekę. Już wtedy czuł pociąg do narodu niemieckiego, którego języka nie znał; nie przeszkodziło mu to obdarzyć nim swoich bohaterów w kilku powieściach. Fascynowały go również wszelkie formy sztuki germańskiej, od muzyki po literaturę, malarstwo i wzornictwo.

Odkrycie przez niego twórczości Charlotte Salomon nastąpiło przypadkowo, podczas wędrówek, za namową znajomego pracującego w muzeum w Berlinie. Zaprowadził go do sali, w której tymczasowo wystawione były prace żydowskiej artystki. Dla Davida Foenkinosa była to miłość od pierwszego wejrzenia i początek prawdziwej obsesji:

> "I to było natychmiastowe.
>
> Uczucie, że wreszcie znalazłem to, czego szukałem.
>
> […] Natychmiastowe konszachty z kimś. (p. 69-70)

Następnie pisarz rozpoczął badania nad życiem Charlotte. Przez lata przeglądał jej prace i nawiązywał do niej we własnych powieściach. Marząc o napisaniu biografii artystki, by oddać hołd dziełu *Życie? czy Teatr?* postanowił odbyć rodzaj pielgrzymki, odwiedzając wszystkie miejsca, w których żyła Charlotte: jej szkołę, mieszkanie, Ermitaż, hotel itp.

> "Wiele razy moje kroki w jej krokach.
>
> Tam i z powrotem śladami Charlotte jako dziecka. (p. 33)

Nie wiedział jednak, jak się za to zabrać: "Jaką formę powinna przybrać moja obsesja?" (s. 71) Dusił się ze strachu na myśl o tym, że nie wywiąże się z obowiązku pamiętania. Nie mogąc sklecić dwóch zdań pod rząd, zdecydował się na pisanie wolnym wierszem, przechodząc do wersu jakby dla złapania oddechu.

Ta poetycka twórczość nie pozostawiła nikogo obojętnym. Doceniona przez jednych i sponiewierana przez innych, *Charlotte* ujawnia wirtuozerię godną największych dzieł literackich i pozostawia ślad w podświadomości czytelnika.

DROGI DO REFLEKSJI

KILKA PYTAŃ DO DALSZEJ REFLEKSJI...

- Jak można analizować perspektywę historyczną tej powieści?

- Jak określiłbyś styl pisania autora?

- Jaki obraz kojarzy Ci się z postacią męską w tej pracy?

- Jak sądzisz, czy to kwestia determinizmu w rodzinie Charlotte, czy może samobójstwa są związane z wydarzeniami zewnętrznymi?

- Jaką rolę odgrywa w tej powieści sztuka? Jak to się ma do wyzwolenia Charlotte? Wyjaśnij.

- Skomentuj to zdanie *Arbeit macht frei na* podstawie kontekstu historycznego.

- Podsumuj główne elementy II wojny światowej za pomocą przytoczonych w pracy elementów historycznych.

- Dokonaj analizy postaci Ottilie Moore. Czy uważasz ją za bohaterkę wojenną?

- Przeanalizuj wypowiedź Aleksandra, gdy deklaruje się jako Żyd, by móc poślubić Charlottę. Napisz dialog argumentacyjny, w którym spróbujesz uzasadnić z nim ten wybór.

- Skomentuj epigramat powieści: "Ten, kto żyjąc, nie pogodził się z życiem, potrzebuje ręki, by odpędzić rozpacz wywołaną przez swój los". Jak po przeczytaniu powieści rozumiesz ten cytat z *Dziennika* Kafki?

DALSZE CZYTANIE

WYDANIE REFERENCYJNE

Foenkinos D., *Charlotte,* Paris, Gallimard, 2014.

Praca obrazkowa

Salomon C., *Vie? Ou Théâtre?*, Paris, Le Tripode Éditions, 2015.

Chcemy usłyszeć od Ciebie, co się dzieje!
Zostaw komentarz na temat swojej internetowej biblioteki
i podziel się swoimi ulubionymi książkami w mediach społecznościowych!

Wydawca zapewnia o wiarygodności publikowanych informacji, co jednak nie może wiązać się z jego odpowiedzialnością.

www.50minutes.com

Master ISBN: 9782808694001
Papierowy ISBN: 9782808615402
Depozyt prawny: D/2023/12603/1820

Verhaal: © Primento

Projekt cyfrowy: Primento, cyfrowy partner wydawców.